LES MAISONS ET LES MANOIRS HANTÉS

Un livre de la collection
Les branches de Crabtree

THOMAS KINGSLEY TROUPE

crabtreebooks.com

Soutien de l'école à la maison pour les parents, les gardiens et les enseignants

Ce livre très intéressant est conçu pour motiver les élèves en difficulté d'apprentissage grâce à des sujets captivants, tout en améliorant leur fluidité, leur vocabulaire et leur intérêt pour la lecture. Voici quelques questions et activités pour aider le lecteur ou la lectrice à développer ses capacités de compréhension.

Avant la lecture

- *De quoi ce livre parle-t-il?*
- *Qu'est-ce que je sais sur ce sujet?*
- *Qu'est-ce que je veux apprendre sur ce sujet?*
- *Pourquoi je lis ce livre?*

Pendant la lecture

- *Je me demande pourquoi...*
- *Je suis curieux de savoir...*
- *En quoi est-ce semblable à quelque chose que je sais déjà?*
- *Qu'est-ce que j'ai appris jusqu'à présent?*

Après la lecture

- *Qu'est-ce que l'auteur veut m'apprendre?*
- *Nomme quelques détails.*
- *Comment les photographies et les légendes m'aident-elles à mieux comprendre?*
- *Lis le livre à nouveau et cherche les mots de vocabulaire.*
- *Ai-je d'autres questions?*

Activités complémentaires

- *Quelle est ta section préferée de ce livre? Rédige un paragraphe à ce sujet.*
- *Fais un dessin représentant l'information que tu as préférée dans ce livre.*

TABLE DES MATIÈRES

UN CHEZ-SOI HANTÉ

Le plancher de bois craque et tu marches sur la pointe des pieds dans le noir. La porte derrière toi claque, tu es enfermé dans la pièce. Ta lampe de poche vacille et quelques secondes plus tard, c'est l'obscurité totale. Le son de pas lents se rapproche de toi. La voix d'un enfant chuchote quelque part dans la maison hantée!

Partout dans le monde on retrouve des lieux que l'on croit hantés. Les maisons et les manoirs sont des endroits où les vivants habitent. Malheureusement, certains pourraient également être la résidence de morts.

Attrape ta lampe de poche et prends une grande inspiration. Tu es sur le point de découvrir pourquoi ces maisons et ces manoirs figurent parmi... LES LIEUX HANTÉS.

FAIT EFFRAYANT

Quarante-cinq pour cent des Américains croient que les fantômes et les démons existent.

LA MAISON MEURTRIÈRE DE VILLISCA

La petite maison du coin à Villisca en Iowa a un passé terrible. En 1912, huit personnes y ont été assassinées au beau milieu de la nuit. Le meurtrier n'a jamais été trouvé.

Des gens croient que la maison est maintenant hantée par les esprits de la famille Moore. Des photos prises pendant les visites révèlent parfois des ombres étranges. La nuit, certains affirment entendre des voix d'enfants.

LAST VICTIMS OF MAD MURDERER OF WEST

J. W. Moore, wife and 3 of 4 children who were murdered in bed at Villisca, Ia. Star shows room in which Misses Stillinger, visiting Moores, were killed.

During the last two years, a madman murderer has killed four whole families in the West. In each case he used an axe. The murders have been at Colorado Springs, Ellsworth, Kan., Guilford, Mo., and Villisca, Ia. The last, that of the Moores at Villisca, occurred this week. The slayer shows a terrible ingenuity in making good his escape. Villisca police arrested Sam Moyer, relative of Moore family. Produced alibi. Released.

LE PRESBYTÈRE DE BORLEY

À Essex en Angleterre, les discussions sur les maisons hantées comprennent habituellement le **presbytère** de Borley. La maison a été construite en 1863 sur les ruines d'un ancien **monastère**.

La légende veut qu'une religieuse et un moine y soient tombés amoureux, ce qui était interdit. Ils ont été condamnés à mort. La religieuse a été enchaînée au mur de la cave. L'endroit a ensuite été muré en l'enfermant à l'intérieur.

FAIT EFFRAYANT

Des messages étranges sont apparus sur les murs du presbytère de Borley. L'un d'eux dit « Marianne va chercher de l'aide ».

On dit que le presbytère, construit sur les ruines du monastère, était hanté. Une religieuse fantomatique a souvent été vue marchant sur un sentier menant à un **pavillon**. Un visage regarderait dans la maison depuis l'extérieur.

Des clés sont éjectées des verrous, des objets disparus tombent du plafond. Pendant une **séance de spiritisme**, un esprit a averti qu'un incendie détruirait la maison. Un an plus tard, le presbytère de Borley était anéanti par les flammes.

Même si la maison a été détruite, des gens prétendent toujours voir l'esprit d'une femme près des ruines. Un photographe a saisi l'image d'une brique flottant dans les airs peu avant la démolition des ruines de la maison.

LA MAISON HÖFDI

La maison Höfdi est située sur la côte de l'Islande, à Reykjavik. Elle a déjà appartenu au poète et avocat Einar Benediktsson. Mais Einar n'était pas le seul résident de la maison.

Plusieurs croient que la maison était hantée par un esprit appelé la Dame en blanc. On croit que ce fantôme est celui d'une fille qu'Einar a vue mourir d'empoisonnement.

FAIT EFFRAYANT

La Dame en blanc a cessé d'embêter les vivants quand un membre du personnel a demandé au fantôme d'arrêter ses agissements. Dans un rêve, le fantôme a promis de bien se comporter. Il n'y a plus eu de problème par la suite.

LA MAISON-BLANCHE

L'une des maisons les plus connues au monde pourrait être l'une des plus hantées. La Maison-Blanche de Washington D.C. est l'endroit où réside le président des États-Unis.

Certains croient que le président de la nation n'est pas le seul président à arpenter les couloirs. Les esprits d'anciens présidents et de leur famille font parfois une petite visite dans leur ancienne maison. Le fantôme de la première dame Dolley Madison a été aperçu s'occupant du jardin.

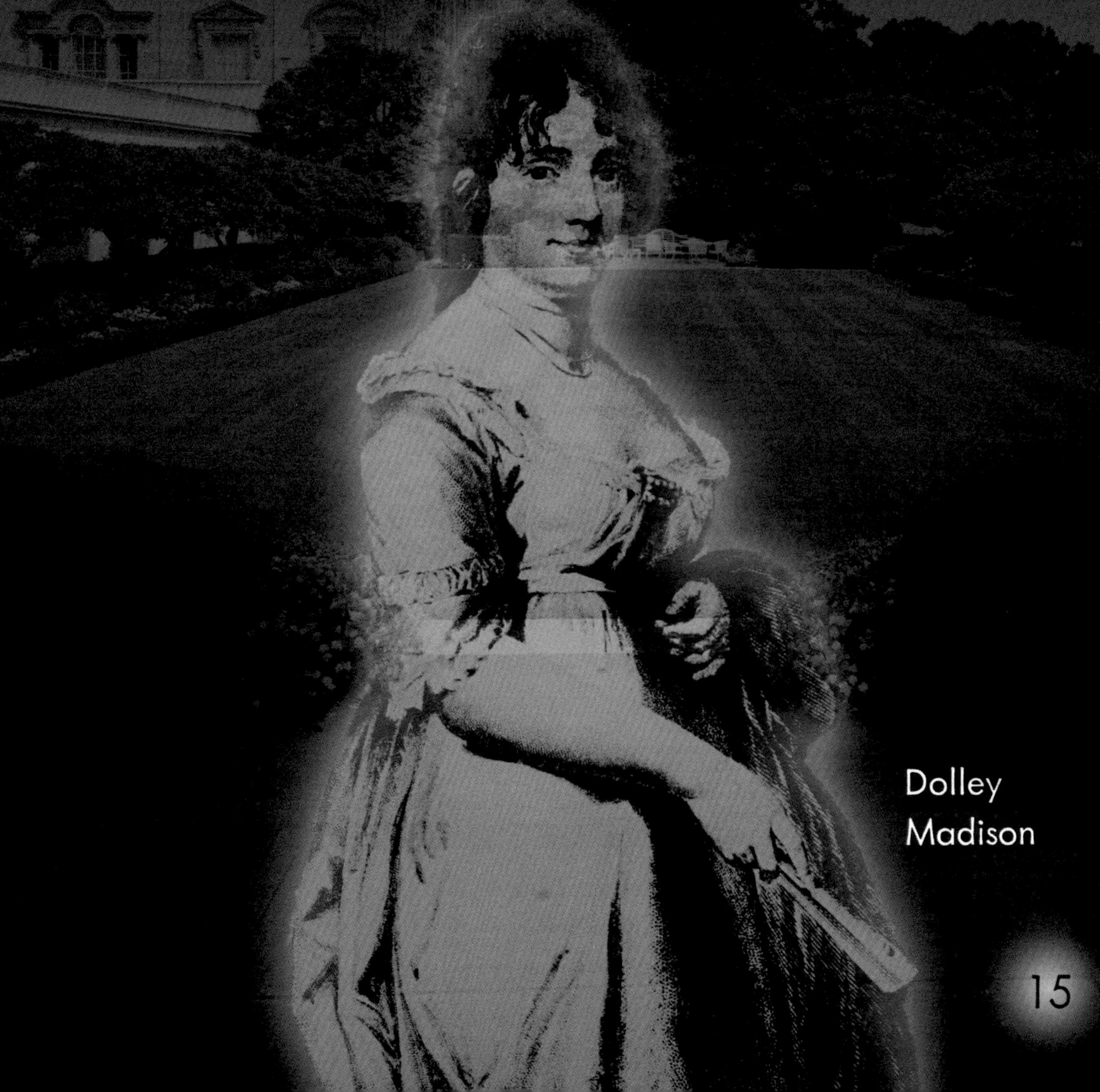

Dolley Madison

En 1940, le premier ministre Winston Churchill a séjourné à la Maison-Blanche. Après avoir pris un bain, il a aperçu le fantôme d'Abraham Lincoln se tenant près du foyer de la chambre de Lincoln.

FAIT EFFRAYANT

David Burnes a vendu le terrain où la Maison-Blanche a été construite. Sa voix fantomatique est souvent entendue dans le Bureau ovale, où le président travaille.

La première dame fantomatique Abigail Adams aurait été vue s'étirant les bras dans la salle est.

Abigail Adams

LE MANOIR BILTMORE

Le magnifique manoir Biltmore est situé à Asheville en Caroline du Nord. La résidence était la propriété de George Vanderbilt, qui appartenait à une famille fortunée.

George est décédé en 1914, mais n'a jamais quitté son manoir. Son fantôme est souvent aperçu lisant dans sa **vaste** bibliothèque. Certains visiteurs ont entendu des rires et les sons d'une réception fantôme.

George Vanderbilt

Le manoir est la plus grande résidence aux États-Unis avec une superficie de 175 000 pieds carrés (16 258 mètres carrés). Elle contient 250 pièces.

LA MAISON MORGAN EN INDE

La maison Morgan était un manoir situé à Kalimpong en Inde. Elle surplombait la chaîne de montagnes Kanchenjunga. C'était un endroit paisible pour établir la résidence des Morgan, nouvellement mariés.

L'endroit est tout sauf paisible. Mme Morgan est morte soudainement dans des circonstances mystérieuses. Des visiteurs récents entendent parfois le son de chaussures à talons hauts marchant dans les couloirs.

FAIT EFFRAYANT

Lorsque la maison Morgan a été abandonnée, elle a été convertie en hôtel. Plusieurs acteurs célèbres de films de Bollywood y ont séjourné.

LA MAISON RAYNHAM HALL

À Norfolk en Angleterre, le plus célèbre et terrifiant résident de Raynham Hall est un fantôme appelé la Dame brune. Elle a reçu ce surnom en raison de la robe de **brocart** brune qu'elle portait.

Une photo prise en 1936 montre le fantôme descendant les escaliers. Les gens qui ont vu le fantôme affirment qu'il y a des trous noirs à la place de ses yeux!

D'après la légende, la « Dame brune de Raynham Hall » est le fantôme de Lady Dorothy Walpole.

La mystérieuse maison Winchester

Sarah Winchester était une **héritière** de la fortune du créateur des armes à feu Winchester. Après le décès de son bébé et de son mari, elle est partie pour San Jose en Californie. C'est là qu'elle a acheté une maison de ferme de huit pièces.

Sarah Winchester

En 1886, elle a engagé des ouvriers pour agrandir sa nouvelle maison. Il s'agit de l'une des plus longues rénovations, qui a pris fin quand elle est morte en 1922.

FAIT EFFRAYANT

Un **médium** a dit à Sarah qu'elle devait changer la maison et continuer les travaux, sans quoi elle mourrait. La construction a duré 38 ans.

La maison est devenue l'un des manoirs les plus étranges jamais construits. Il y a des escaliers et des portes qui ne mènent nulle part. Il y a des passages cachés et des pièces secrètes partout. Sarah avait même fait construire une salle consacrée aux séances de spiritisme pour pouvoir communiquer avec les morts.

Des visiteurs de la mystérieuse maison Winchester prétendent avoir vu un ouvrier d'entretien fantomatique. D'autres ont senti leurs vêtements être tirés par une main invisible.

La conception étrange de la maison était censée **apaiser** les esprits qui y vivaient. Sarah croyait qu'elle était hantée par les fantômes des gens tués par les armes à feu Winchester.

CONCLUSION

Personne ne sait avec certitude si des fantômes hantent réellement les maisons et les manoirs. Ce qu'une personne voit, une autre peut l'expliquer.

C'est à toi de te faire ta propre idée. Si tu entends ou vois quelque chose d'effrayant, décris le phénomène par écrit ou prend une image. La preuve que tu découvriras pourrait nous aider à comprendre... LES LIEUX HANTÉS.

GLOSSAIRE

apaiser (a-pai-zé) : Aider à calmer

brocart (bro-kar) : Vêtement décoré de dessins brodés

héritière (é-ri-tièr) : Une femme qui reçoit de l'argent ou des biens après le décès d'une autre personne

médium (mé-di-om) : Une personne qui communique des messages transmis par les morts

monastère (mo-nass-tèr) : Un lieu où des gens vivent et vouent un culte

pavillon (pa-vi-yon) : Un petit bâtiment aux côtés ouverts dans un jardin ou un parc

presbytère (prèss-bi-tèr) : La maison où vit le pasteur d'une église

séance de spiritisme (ssé-anss de spi-ri-tissm) : Une réunion où les gens tentent de communiquer avec des esprits

vaste (vast) : Très grand

INDEX

SITES WEB À CONSULTER

https://kids.kiddle.co/Ghost

www.hauntedrooms.co.uk/ghost-stories-kids-scary-childrens

www.ghostsandgravestones.com/how-to-ghost-hunt

À PROPOS DE L'AUTEUR

Thomas Kingsley Troupe

Thomas Kingsley Troupe est l'auteur d'une foule de livres pour enfants. Il a écrit au sujet des fantômes, du Sasquatch, des loups-garous et même un livre sur la saleté. Quand il ne s'affaire pas à écrire ou à lire, il enquête sur des phénomènes paranormaux avec la Twin Cities Paranormal Society. Il habite à Woodbury au Minnesota avec ses deux fils.

Les images et les photos présentant des « fantômes » dans ce livre sont des représentations artistiques. L'éditeur ne prétend pas qu'il s'agit d'images et de photos réelles des fantômes mentionnés dans ce livre.

Crabtree Publishing

crabtreebooks.com 800-387-7650

Au Canada : Nous reconnaissons l'appui financier du gouvernement du Canada par l'entremise du Fonds du livre du Canada pour nos activités de publication.

Catalogage avant publication de Bibliothèque et Archives Canada

Titre: Les maisons et les manoirs hantés / Thomas Kingsley Troupe.
Autres titres: Haunted houses and mansions. Français.
Noms: Troupe, Thomas Kingsley, auteur.
Description: Mention de collection: Les lieux hantés! | Les branches de Crabtree | Traduction de : Haunted houses and mansions. | Traduction : Annie Evearts. | Comprend un index.
Identifiants: Canadiana (livre imprimé) 20210355980 | Canadiana (livre numérique) 20210355999 | ISBN 9781039603721 (couverture souple) | ISBN 9781039603783 (HTML) | ISBN 9781039603844 (EPUB)
Vedettes-matière: RVM: Maisons hantées—Ouvrages pour la jeunesse. | RVM: Fantômes—Ouvrages pour la jeunesse. | RVMGF: Documents pour la jeunesse.
Classification: LCC BF1475 .T7614 2022 | CDD j133.1/22—dc23

Imprimé aux États-Unis/CP042026

Publié au Canada
Crabtree Publishing
616 Welland Ave.
St. Catharines, Ontario
L2M 5V6

Publié aux États-Unis
Crabtree Publishing
347 Fifth Avenue
Suite 1402-145
New York, NY, 10016

Paperback 978-1-0396-0372-1
Ebook (pdf) 978-1-0396-0378-3
Epub 978-1-0396-0384-4
Read-along 978-1-0398-0498-2
Audio book 978-1-0396-6777-8

Production : Blue Door Education pour Crabtree Publishing
Auteur : Thomas Kingsley Troupe
Conception : Jennifer Dydyk
Révision : Kelli Hicks
Correctrice : Crystal Sikkens
Traduction : Annie Evearts
Coordinatrice à l'impression : Candice Campbell

Couverture : © Netfalls Remy Musser, (crâne sur la couverture et dans le livre) © Fer Gregory, p. 4-5 (bordure effrayante et dans le livre) © Dmitry Natashin, p. 4 © Victoria Denisova, p. 5 (maison) © jordanlieberman, (plancher désordonné) © phoelixDE, p. 6 © zef art, p. 9 © Sergey Novikov, p. 10 © LightField Studios, p. 12 © danneuf, p. 13 © Lario Tus, p. 14 © BrianPIrwin, p. 15 (Dolley Madison), p. 16 (Abraham Lincoln), p. 17 (Abigail Adams) © Everett Collection, p. 18 © Konstantin L, p. 21 © zefart, p. 23 (escalier) © f11photo, (« fantôme ») © Slava Gerj, p. 24-25 et p. 26 (haut, mystérieuse maison Winchester) © Dragan Jovanovic, p. 26 (bas) © CREATISTA, p. 27 (chambre) © Iv-olga, (main) © IDmutroll, p. 28 © Lukiyanova Natalia frenta, p. 29 © Michael D Edwards. Toutes les images proviennent de Shutterstock.com sauf p. 7 courtoisie de la Library of Congress, p. 15 (jardin) © courtoisie de la Library of Congress, p. 16 et 17 (pièces de la Maison-Blanche) courtoisie de la Library of Congress, p. 20 (image rendue publique par Subhrajyoti07), p. 22 (Raynham Hall) © Nigel Jones https://creativecommons.org/licenses/by-sa/2.0/, croquis en arrière-plan de John Sell Cotman public domain image, p. 24 (Sarah Wincester) photo publique prise en 1865 par Taber Photographic Company de San Francisco